つば九郎の

ときどき**まじめ**、ほとんど**てきとう**

ぽじ×てぃぶじんせいそうだん。

つば九郎

河出書房新社

みなさま、おまたされ～！

めざせ、いんぜいせいかつ！

つばくろう、おひさしぶり～のほんです。

じんせいのこと、がっこうのこと、れんあいのことなどなど……。

いろんなひとからのそうだんに、

つばくろうがしんけんにこたえましたよ。

さっからしく、**る～び～**(ビール)**かたてに、よどおしかんがえました。**

そしてびっくり！

おがわかんとくや、みやもとこーち、なかよしのせんしゅたちからも、そうだんが！

ありがたすぎて、きょうしゅくしながらそうだんにのりました。

とくに、みやもとさんからのはきびしかった。

ぱとりっくさん、いもうとのつばみ、うぐいすじょうさんたちからのそうだんもあります。

こっちはざっくりとこたえておきました～。へでで。

うらばなし

ほんのたいとるをかくよ～

「ぽじてぃぶ」のはずが「ぽじぃてぃぶ」に…

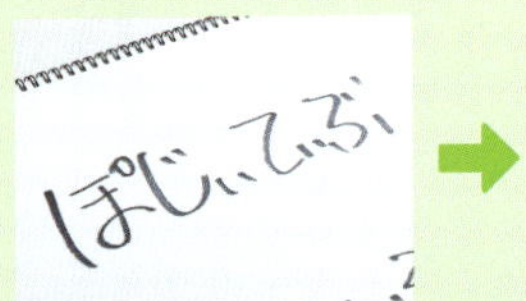

つば九郎、間違ってるよ！

ふぁんのみなさんに、すこしでもよろこんでほしくて。

ちょっこすでもわらってくれたり、

げんきになってくれたらうれしいです。

なやみなんてふっとばせ！

あ、もうひとつ、だいじなこと。

そうだんのかいとうをよんで、つばくろうをきらいになっても、

やくるとすわろーずは
きらいにならないでください！

つばくろう

…そんな事情でこうなりました。

もくじ

特別ページ

コラム

その1

恋愛・結婚についての相談

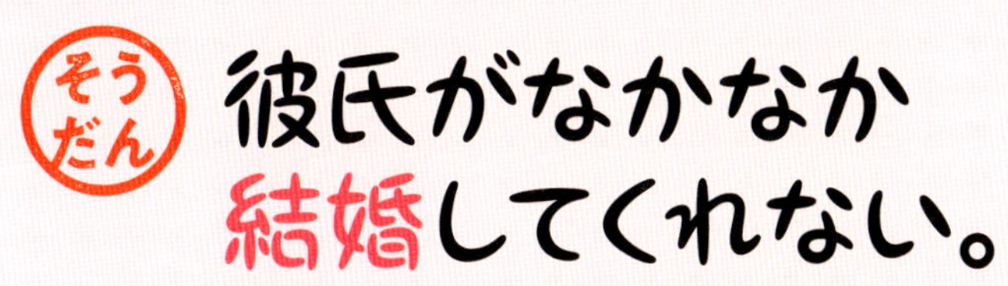

彼氏がなかなか結婚してくれない。

プロポーズしてもらうには？（30歳・愛はあります女）

妻の料理がへたすぎて、結婚生活が辛いです。

（32歳・食べるの大好き男）

つば九郎は料理好き。
餃子の焼き方やウニのパスタを「くっきんぐつば」で披露したことがある。

もう3年も男友だちに片思いをしています。コクる勇気が出るアドバイスを！

（23歳・恋愛ベタ選手権女子代表）

*つば九郎語で「握手」のこと

こたえ

悔しさのあまりブログに「ことしも、しんぐるべるのつばくろうは、**うかれてるかっぷるは、ばずーかで、うちおとしたい〜でへへ。**」とまで書いた。

ふられてしまいました。
彼を取り戻すには、どうしたらいい？

（19歳・立ち直れない女子大学生）

上司と不倫して5年になります。私はこれからどうなるのでしょう。

（29歳・愛の迷い子）

どろぬま。

ドラマも大好きなつば九郎。恋愛経験値は「？」だけど、**シミュレーションはばっちりだ。**

まったくモテない「喪女」です。

親からは「結婚しろ！」と言われますが、
相手ができるはずもないです。
どうすればわかってもらえますか？（27歳・結婚なんてララ〜ラ♪女）

『も』＝喪＋『おす』＝オス。
毒舌は話題になっても、恋愛スキャンダルは一度もない。

イケメンで優しくて♥背が高くて♥お給料がいい旦那さん♥を見つけたいです。どこに行けば出会えますか？

（24歳・婚活女子）

クラブハウスは球場内にある選手の休憩施設。食事をとったり、着替えをしている。**と言っても、ファンは入れない。**

好きな子がいるけど、

ドキドキして上手に話せない。

どうしたら、彼女と楽しく話ができる？

（13歳・初恋の男子中学生）

こたえ

てらすはうすをさんこうに。

「こふうなひと」が好み
というつば九郎の恋愛事情は永遠の謎に包まれている。婚活の質問には、ロースが好きだと回答していた。

年齢＝彼女がいない歴です。
好きになる子には彼氏がいて、

見向きもしてもらえません。

（24歳・タイミング逃し男）

完全密着！

つば九郎のもておす！（もてるおす）な一日

ヤクルト＆野球ファンに大人気のつば九郎。
モテる男《オス》の秘密を探りに「つば九郎DAY」にGO！

待ちに待った「つば九郎DAY」。開催された2018年7月11日の「海の日」にちなんで、つば九郎も水着と浮き輪、シュノーケルマスクと、完璧な海水浴ファッション。つば九郎との触れ合いがあると、野球観戦がもっともっと楽しくなる。ワクワクしながら、つば九郎が大勢のファンが待つ神宮球場に姿を現した。

さっそうと登場……
のはずが
ド、ドアを通れない！

いつでもうみに
とびこめるよ！

今日だけしか
見られないつば九郎だ

「つば九郎DAY」は、つば九郎がプロデューサーになり、試合を丸ごと盛り上げる日。限定のグッズやドリンクカップも登場し、球場はつば九郎づくし。アルコールシロップのかかった大人のかき氷は、つば九郎のいち押しだ。先着50名限定のつば九郎との撮影会も、あっという間に定員いっぱいに。最高気温34.2℃の暑い日だったけれど、つば九郎は一人ひとりと握手羽（あくてば）したり、ポーズを変えて撮影したり、ていねいに交流している。“もておす”になるのも、納得だ。

あっという間に人だかりが。つば九郎、本当に人気者だね！

一緒に写真が撮れる当日限定フォトスポット

ちほうにもびじたーにもきてくれて、
てんしょんをあげてくれて、
ほんとうにありがたいそんざい。

いい思い出を作ってもらうこと、またつば九郎に会いたいと思ってもらうことを大切に、心を込めてファンと接しているんだって。

おきゃくさまの、おさいふのひもを
ゆるめる、まほうのじゅもんを、
いつもとなえてます。

つば九郎って本当にツンデレだね。

水着はしっぽを通す穴もあいた特別な仕様

限定のオリジナルビアカップ。大容量なのがつば九郎らしい

「つば九郎DAY」ならではのグッズといえば、海水浴ファッションのつば九郎フィギュア。ヤクルト応援席のチケットを持つ来場者にプレゼントされ、限定100名には、「手羽渡し会」も。直接、つば九郎からフィギュアが受け取れるとあって、ラッキーなファンたちは大感激。撮影会と同じく、一つずつていねいに渡しているつば九郎に胸キュンだ。

直接の手羽渡しに
ファンは大喜び

プレゼントの
フィギュアも
海水浴ファッション

つば九郎は意外に音楽通。
曲に合わせて今日もノリノリ♪

試合が始まった。グラウンドに立つ水着姿のつば九郎に客席のあちこちから「かわいい〜!」の声が上がる。でも、つば九郎は、タンバリンを振りながら踊ったり、MCのパトリックさんにツッコミを入れたり、今日もマイペース。そんなところがつば九郎の魅力。ねぇ、自分のかわいさ、わかってる?

うっかりすると浮き輪がずり落ちる。
見た目よりつば九郎のウエストは細い？

どこへ行ってもファンに囲まれ、愛されているつば九郎。選手たちの間にもしっかり溶け込んでいるけれど、つば九郎自身は今の人気をどう思っているのかな。

どあら※1にびんじょうしました。

そうなの？

宮本慎也ヘッドコーチからは、「外国選手と仲良くなってからだな」と言われたそう。1995年頃からミューレン選手やホージー選手、ラミレス選手※2とやりとりを交わすようになってから、注目度が上がっていったとか。ブログを始めたり、テレビへの出演が増えたことで、ヤクルト以外のファンを増やすことにも。

自由に発言させてくれて、やんちゃなことをしても怒らない度量の広い球団にはいつも感謝しているという、じつは謙虚なつば九郎。そんなあったかいハートがファンに愛されている理由なんだね。

試合終了後も、
ファンと撮影し
たり挨拶したり

※1　中日ドラゴンズのマスコット
※2　ヘンスリー・ミューレン選手（1995～96年在籍）、ドゥエイン・ホージー選手（1997～98年在籍）、アレックス・ラミレス選手（2001～07年在籍）

その2

仕事・学校についての相談

就活で**黒いスーツ**を着たくない！
好きな格好で勝負したい！

（18歳・ファッション命の男子大学生）

12球団のマスコットで唯一、ユニフォームを着ていないつば九郎。**胸に輝く「Swallows」のタトゥーだけでおしゃれに見せる**一点豪華主義だ。

転職したいです。

つば九郎は転職したいと思ったことはありますか?

（24歳・オレの居場所探し中男）

2012年に球団マスコットとして初めてFA宣言をしたつば九郎。さまざまなオファーが来たが、残留した。宮本選手（当時）からは「残ってくれとは言わないよ。自分で権利を行使したんだから、勝手にどうぞ」と言われた。

仮病で学校をサボりたい。

具合が悪く見せるコツを教えてください。

（14歳・通学が面倒な女子中学生）

こたえ
本人が思い込めば、それが事実になる。
かぜだとおもえば
かぜです。
Swallows

勉強が大嫌い！

将来、なんの役に立つの？なんて考えてしまいます。

（17歳・試験がゆううつな女子高生）

部下が言うことを聞いてくれません。

つば九郎のようにコミュニケーションを取るには
どうしたらいい？（45歳・部下に悩む中間管理職）

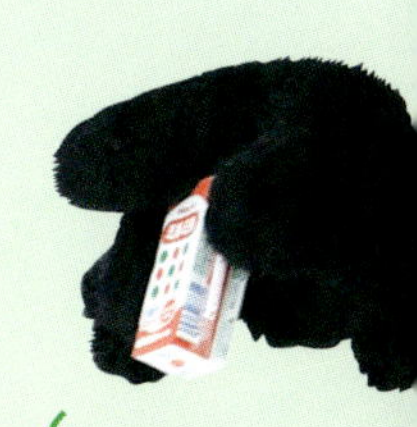

みるみる
でもいいよ

定年退職したら、心の中に穴がぽっかり。

これからどう生きればいいのでしょう。

（60歳・第2の人生模索中男）

あながあいていたら
0きろかろりーです。

どうやらつば九郎は漫才コンビの**「サンドウィッチマン」が好き**らしい。

ゲームでもっと遊びたいのに、

お母さんに時間を決められてます。

どうしたらもっと遊べるかな？

（10歳・マリオになりたい男子小学生）

ルールを守らなかった罰に子どものゲーム機を壊したと話題になったお母さんとは違う人です！**ホントです！**

志望校に落ちました。

なぐさめてください。

（19歳・予備校通い男）

こたえ

ここぢゃありません。

ぱりーぐのますこっとに

きいてください。

人生相談の本を作るなら、**パ・リーグ球団のマスコットに依頼するべき**だったかも。

つば九郎みたいな
人気者になりたい！

おもしろいことを言って、学校のみんなを笑わせたいです。

（9歳・夢はお笑い芸人の男子小学生）

どあらにきいて
ください

中日ドラゴンズのマスコット・ドアラはつば九郎と同期。とても仲がいいが、**ドアラの人気に嫉妬しているというウワサも**。

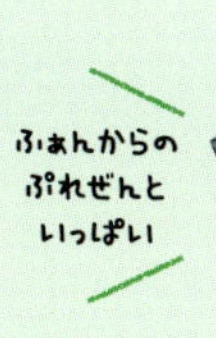

「情熱〇陸」風

つば九郎がマスコットになったワケ

**つば九郎はどこから来て、なぜマスコットになったのか。
本鳥に直撃し、真相をドキュメントタッチで追う！**

テキパキと仕事をこなしていたつば九郎
※本鳥による再現イメージ

運命が変わった日ー！

マスコットになる前、つば九郎はヤクルト本社で働いていた。仕事は、自動販売機に飲み物を補充するオペレーターだ。

転機は1994年春に訪れた。明治神宮野球場へ、出向を命じる辞令が出たのだ。球団幹部は、つば九郎に何か光るものを見たのだろうか。

辞令

つば九郎殿

平成６年４月より、明治神宮野球場への出向を命ずる。

平成５年冬
ヤクルト球団
とってもエラい人

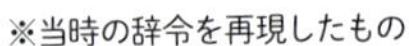

※当時の辞令を再現したもの

あまりの驚きに辞令を二度見！
※本鳥による再現イメージ

つば九郎は、突然の辞令に激しく動揺した。しかし、ピンと来るものもあった。

これはぷろやきゅうのすかうとだ。

つば九郎の趣味は草野球。前年の1993年、東京ヤクルトスワローズは2年連続のリーグ優勝を成し遂げ、15年ぶりに日本シリーズ制覇を果たしていた。つば九郎への辞令は3連覇を目指しての補強に違いない。腕に覚えはある。

鮮烈なデビューを目指して、つば九郎は日々、華麗なプレイに舞う自らの姿を頭にイメージした。球団関係者を飲みに誘う日課も忘れなかった。

ホームランを飛ばす姿やスーパーキャッチをするイメトレを続けた日々
※本鳥による再現

え!? マスコット？ きいてないよ～！

ついにつば九郎が球場に立つ日がやってきた。1994年4月9日の阪神タイガース戦だ。愛用のバットを片手に意気揚々と球場入りした。ところが、スタッフが案内したのはダッグアウトではなかった。そこは、つば九郎専用の待機場所である「鳥小屋」。つば九郎の新しい仕事は、選手ではなく、球団マスコットだったのだ。

マスコットの仕事は分からないことだらけだった。同期のドアラは着々とファンを増やしている。負けられない。しかし、どう動いたら、ファンを楽しませ、選手を応援できるのか。1994年、ヤクルトが4位に転落したときは、当時の某監督に「こいつのせいか」と、野村節でボヤかれたことも。「いどうねがいをだそうかとおもった」と思い詰めるほど悩み、一鳥でビールをあおる夜も珍しくなかった。

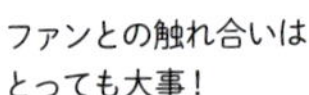
ファンとの触れ合いは
とっても大事!

唯一無二のマスコットにー!

しかし、つば九郎はあきらめなかった。ファンはチームが低迷しているときも、上位にいるときも、変わらずにスワローズを愛している。マスコットがめげてどうするのだ。

ひとづきあい、であうひとすべて。

つば九郎は選手たちがファンと交流する姿に学びながら、挨拶するときは必ず握手羽(あくてば)した。オフの日も西麻布をパトロールする自主トレを地道に続けた。その熱い思いは徐々に伝わり、つば九郎はチームになくてはならない存在になっていった。つば九郎はデビュー以来、一日も欠かさず、ホームゲームに連続出場を果たしている。その裏側には、こんな血と汗のにじむ努力があったのだ。

めざせ！ とうきょうごりん

　つば九郎の今の目標は、2000試合連続出場だ。そのために、心がけていることは、

せんりょくがいをうけない。

何かと注目される毒舌も

えんじょうはしないが、えんじょいはする。

強気な発言をすると思えば、

だいほんどおりです。

と、煙に巻くようなことも。

　2020年には東京オリンピックもある。

とうきょうごりんにでる。
まだあきらめてません。
となりだしすぐいける。
とちかんもある。

と、自信満々の様子だ。多くのファンに愛され、選手たちの輪にも溶け込んでいるつば九郎は、いまやスワローズばかりでなく、プロ野球界にとっても唯一無二のマスコットだ。

つば九郎は、歓声に包まれながら、今日もグラウンドに立っている。

中村悠平捕手と今日の勝利を誓う

一緒にストレッチして、つば九郎も体をほぐすのだ

ウォーミングアップのときから、勝利の念を選手たちに送っている

フォトコレクション❶

Tetra Pak
を包んで

Swallows

Coca-Cola
TOSHIBA
ハザマ

Yakult
Swallows

Swallows
33
63

Swallows

MITSUI E&S
DUNLOP

その3

家庭・人生についての相談

いつのまにか
かぞくがふえました〜

夫が家事を手伝ってくれません。

上手に誘導するには、どうしたらいいですか？

（35歳・ワンオペ育児中）

家事に追われて一日が終わってしまいます。
自分の時間がほしいです。

（37歳・ほとほと疲れた主婦）

つば九郎は、スワローズファンである作家の村上春樹さんに**「あるばいとをしたい」と悩み相談をしたことがある。**「平仮名しか書けないで、原稿書きのアルバイトもないでしょうが。少しは漢字も覚えてくださいね。また神宮で会いましょう」と一刀両断に返された。

思春期の子どもが反抗期です。

どう接するのがいいでしょうか？

（43歳・寂しい母親）

ふぁみりー♥

つば九郎の母は謎に包まれているが、ブログに「つばくろうには、おとなのじじょうでしょうか、はははいませんが、こうやって、まいにちだいすきなやきゅうを、だれよりもいいところでまいにちみれる、**じょうぶなからだにうんでくれて、ありがとうです。**」と書いたことがある。

夫が浮気しているかもしれません。

どうにかやめさせるにはどうしたらいいですか？

（30歳・スマホチェックは我慢している妻）

つば九郎には恋愛より、さらに**ハードルが高い結婚相談**。

夫が不倫しているかもしれません。

どうやってこらしめたらいいですか？

（45歳・結婚20年目の妻）

家庭での居場所がない。

家族のために頑張ってるのに切ないです。

（50歳・哀愁サラリーマン）

つば九郎は、神宮球場では**「鳥小屋」と呼ばれるエリア**で試合を見守っている。

子どもが生まれてから、独身の友だちが
うらやましくてたまりません。

私も たまには 遊びたいです。

（27歳・子どもはかわいい母親）

こどもの"め"を
みなさい。

子どもの成長はあっという間。
母との思い出が少ないっぱ九郎には切ない相談だ。

ダンナが汗っかきで洗濯が大変です。

汗を止めるか、ダンナに洗濯してもらいたい！

（40歳・干すのも大変なのよ主婦）

今日の夕ご飯の献立が決まりません。つば九郎、何か考えてください。

（43歳・食べるのは大好き主婦）

スワローズ愛にあふれる

つば九郎の泣けるブログ

毒舌発言で周囲を振り回すことも多いつば九郎だけれど、
ブログにはいつもスワローズ愛があふれている。現役を引退する宮本選手と
小川元監督に贈ったメッセージには、涙した人も多かった。

引退する宮本慎也選手へ
(2013年10月5日)

19ねんかんのおもひ。

なにを、どこから、どうみんなに、おつたえしようか?

きのうのみやもとさんは、かっこよかった。

しあいまえ、ちょくぜん、しあいちゅう、しあいちょくご、せれもに〜ご。

いっぱいいっぱい、こえをかけたし、かけてもらった。

きゃっちぼ〜るのとき。

つ)2ばん　すためん　しょ〜と、がんばってください。

み)からだもつかなぁ〜。

つ)なにいってんですか、ぜんだせき、ほ〜むらんですから!

み)めっせんじゃ〜、うてるわけないだろ〜、でも、やくそくやからな!

つ)あすは、しんぶんぜんぶ1めんですから、やってもらわないと!

み)あどれなりんでてきたわ〜!

ふだんど〜りのみやもとさんでした。

せれもに〜ご。

じょうない1しゅうで、さいんぼ〜るなげながら・・・。

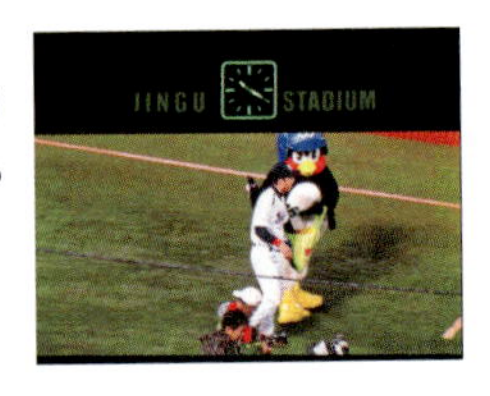

み）ほないこか〜つばくろう。
つ）がってんだ〜。

れふと、3るいがわの、たいが〜すふぁんも、あくてんこうのなか、さいごまで、ありがとうございます。

みんなにあいされる、みやもとしんや、かっけ〜よ！！！

そして、どうしてもやってほしかったこと〜。。。

つ）さいごは、ふぇんすのぼっちゃいましょう！
み）さすが、つばくろう、おれのことわかってる！
つ）あたぼうよ〜！
み）でも、のぼれるかなぁ〜？
つ）だいじょうぶです、けつおしあげますから〜！！

って、いっしょに、らいとへはしり〜

あっさりでしたね、へでで。

2001ねんのとき、みやもとさんが、これやってないこと、おぼえてたので、ことしは、る〜び〜かけと、これを、みたかった、やりたかった、やってほしかった！！！

1ばんのもりあがりだったね。

まぢ、かっけ〜すこしはなれてみたけど、かっけ〜！！！

あたたかく、おくってくれたみんなと。

み）つばくろう、おれ、ちゃんと、しゃべれてたか〜？
つ）かんぺきです！
み）なかへんかったわ〜。
つ）いま、なきますか？
み）あほかっ！！！

さいごまで、えみふる*な、6さま※でした。

さいごまで、のこってくれたみんなへ、ありがとう。

あめと、えんちょうまけが、ごさんだったね、でへへのへ。

2013・10・4　わすれない。

*つば九郎語で「笑みfull」、笑顔があふれているという意味
※現役時代の背番号と尊敬の念を込めて、つば九郎がつけた宮本選手の愛称

退任する小川淳司監督へ
(2014年10月8日)

じゅんじさんへ。

だいすきなじゅんじさん。

かんとくとしての4ねんかん、おつかれさまでした。

つばくろうにとって、5ばんめのぼすは、かんとくじだいでなく、2ぐんかんとくのときから、なかよしでいっしょでしたね。

だれよりも、まわりのひとたちに、きくばりのできるじゅんじさんを、そんけいしていました。

あつくないか、すいぶんとっているか、あるこーるぢゃないぞ、つかれてないか?など、つばくろうには、いつも、やさしくせっしてくれた、じゅんじさん。

それは、じんぐうだけでなく、いろんなところについていく、つばくろうを、いつもやさしくせっしてくれました。

うらそえきゃんぷでも。

ことしも1ねんがんばろう!っと。

いつまでいるんだ?あいてるひあったらおしえろよ。

ぱとろ～る*いこうぜ!って、かならず。そして、ゆうげんじっこうのおとこ、かならず、つれてってくれます。

どんないそがしくても、かならず1にちは、つばくろうのために。

かてば、せんしゅをほめ、まければ、じぶんをせめる、じゅんじさん。ここすうねんは、たいへんだったはず。

どらふとで、じゅんじさんが、ひきあてた、てっぱちくんをみて、よろこぶじゅんじさん。

2011ねん、しんじんだったてっぱちくんを、CSで、すためんにしたのも、じゅんじさん。

2014ねん10がつ7にち。

じゅんじさん、さいごのひ、このひもたくさんのみんなが、じゅんじさんを、まってました。

このひも、じかんのゆるすかぎり、ていねいにさいんをするじゅんじさんがそこに・・・・・。

*つば九郎語で「飲み歩き」のこと

きのうのしあいまえです。

ながいあいだありがとうつばくろう！じつは、ここで、めから・・・。

でもね〜じゅんじさん。

いつのひか、ぼくのゆめが、かなうとおもうんだ〜。

じゅんじさんと、みやもとさんとまた、いっしょにたたかえるんじゃないかな〜って・・・。

そのときまで、また・・・・・。

なによりもたいせつなことを、きづかせてくれた、じゅんじさんへ。

てきすで、たのしかった4ねんかんを、ありがとう。

いつでも、れんらくくださいね、まってますよ。

みんなにおせわになっている。
ちーむあってこそのじぶん。
しょうはいにいっきいちゆうしてる。

つば九郎と選手たちは、スマホでまめに連絡を取りあうほどの仲の良さ。つば九郎のハートは、監督と選手たち、球団スタッフにいつも感謝の気持ちでいっぱいだ。

やきゅうがすきだから。

つば九郎が球団の垣根を越えて、多くの選手と仲良くなれたのも、宮本ヘッドコーチのおかげ。現役時代の宮本選手が他球団の選手と親しそうに話す姿に憧れたことがきっかけだった。でも、王監督（当時）の近くまでのこのこ寄っていったら、さすがに宮本選手に怒られてしまったとか。つい調子に乗りすぎるところもつば九郎らしい。

そんけいしている。

チームメイトはつば九郎にとって職場の仲間であり、友だちであり、良き先輩。新人選手にも早くチームになじんでほしいという気持ちから積極的に声をかけているんだって。つば九郎は選手同士のつなぎ役も務める、まさにチームのマスコットなんだね。

※ブログのメッセージは一部掲載。

まさかの！
あの人からの
人生相談

いらっしゃ〜い
つばくろうの
"じんせいそうだんしつ"

だれでも　じんせいそうだん　うぇるか〜む！
なんて言ってたら、小川監督に宮本コーチ、青木選手、
バレンティン選手、山田選手がドアをノックしてきたよ！
ＤＪのパトリックさん、つばみ、球団の広報さん、ウグイス嬢さん、
グッズショップの店員さんまで、次々とやってくる!?
さすがのつば九郎もドッキドキ！ちゃんと答えられるかな？

小川淳司(じゅんじ)監督

東京ヤクルトスワローズを率いる名将。1982～91年に選手として活躍した後、2010～14年に監督に就任。2015～17年の球団シニアディレクターを経て、18年から再び采配をふるっている。つば九郎をいつも温かい目で見てくれる頼れるボスなのだ。

ドラフトで**欲しい選手を引き当てる呪文**を教えてほしい。

こたえ

じゅもんより
つばくろうが
くじをひく!!

ツバメは幸運の鳥。「つばぜりあいに強く、くろうをしながら接戦をモノにする」つば九郎はくじ運もばっちり！

宮本慎也（しんや）
ヘッドコーチ

現役時代（1995～2013年）は好打者であり名野手。日本代表としても活躍し、球界からの信頼も厚い。2018年に一軍ヘッドコーチに就任。つば九郎にときどきお灸を据えるけれど、それも、愛ゆえ。つば九郎も宮本コーチを心から慕っている。

つば九郎のせいで「6さま」と
呼ばれるようになってしまった。
他の呼び方に変えてくれる？

現役時代の6番に首脳陣の80番代が加わったのが今の背番号。呼び方も今の宮本さんに合わせないとね。

青木宣親(のりちか)選手

選手たちの精神的支柱でもある強打者。2004～11年に東京ヤクルトスワローズに在籍後、メジャーリーグでも活躍。2018年から古巣に復帰。NPB歴代最高通算打率を誇る。つば九郎とはグラウンドでじゃれ合ったり、かけっこするくらいの仲良し。

40歳でも現役でいたい。

つば九郎も2000試合、目指してるんだよね? 元気で活躍する秘訣を教えてほしい。

え～お～きくんには、ず～っと活躍してほしいから仲良くストレッチ。いっぱい、ぱちりしよう。

つばくろうも
すとれっち
てつだいます

いっしょに
がんばろう！

ウラディミール・バレンティン選手

「ココ」の愛称で親しまれているパワーヒッター。オランダキュラソー島ウィレムスタット出身。2011年から東京ヤクルトスワローズに。2013年には本塁打と長打率でNPB史上最高記録を樹立。つば九郎のヘルメットで「空中くるりんぱ」（P96）に挑戦したことも。

ホームランを打ったら、毎回、
つば九郎が焼肉をおごる
っていうのはどう？

かせいでるでしょ～

ごちそうさまです!

いっしょにいこう!

バレンティン選手の実家にはつば九郎のぬいぐるみがあるんだって。いつか遊びに行けたらいいなぁ。

山田哲人（てつと）選手

言わずと知れた「ミスタートリプルスリー」。ヤクルト入団は2011年。2015年には本塁打王と盗塁王も同時獲得。ヒーローインタビューではつば九郎に度々、ちょっかいを出されている。つば九郎は練習する山田選手のボールをヘディングで受けたことも。

山田哲人にピッタリな
ニックネームを考えて！

こたえ

そのままの「てっと」がみんな大好き。つば九郎もてっとの活躍を楽しみに、応援しているのだ。

スタジアムDJ
パトリック・ユウさん

東京ヤクルトスワローズ、ジャパンラグビートップリーグなどのオフィシャルスタジアムDJとして活躍。愛称は背番号から「810(パット)」。試合前のつば九郎とのトークはいつも大人気。「つば九郎が暴走機関車だったら、僕はブレーキ」なんだそう。

相談に来ると聞き、待っていたのに、
その日の試合が雨で中止に。
パトリックさんは約束を忘れてUターン。
つば九郎、待ちぼうけの事態に。

球団広報
青山さん

そうだん

オープニングトークを
一緒にしているけど、
**ぶっちゃけ僕のことを
どう思っているの？**

こたえ

後日、球場でつば九郎に謝る
パトリックさんの姿が…

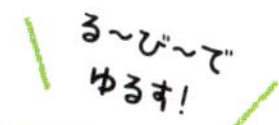

球団広報
青山さん

マスコミ対応を通じて、東京ヤクルトスワローズとファンとの架け橋役を担う広報さん。おだやかな笑顔でつば九郎を優しく見守りつつも、「次はどんな危ないネタを放り込んでくるのか」と、密かに眠れない夜を過ごすこともあるとか。

つば九郎の暴言が**炎上につながらないか心配**で胃が痛いです。

こたえ

奔放なつば九郎に歴代の広報さんも胃弱になったとか、ならなかったとか。いじめないでね、つば九郎。

神宮球場
ウグイス嬢さん

東京ヤクルトスワローズ一筋、ウグイス嬢歴30年以上の大ベテランさん。落ち着きのあるステキな声を聞いて「神宮球場に来たな〜」と感じる人も多いはず。つば九郎とはボケとツッコミができる仲。

いつまでも
若い声を保つ良い方法
があれば、実践するので
教えてください。

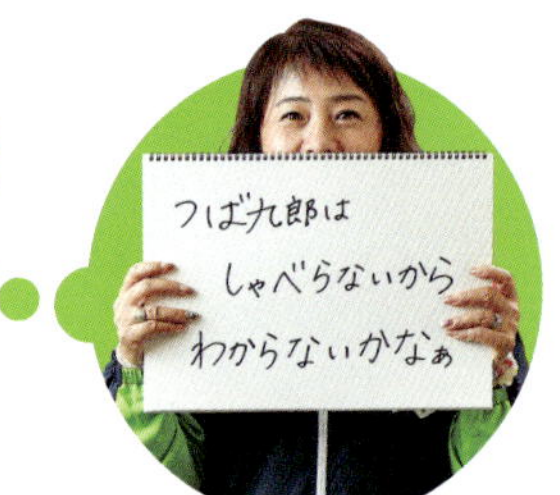

こたえ

とりなかまの
ぐいすに
きいておきます

アナウンス室は
こんな感じ

オフィシャルショップの店員さん

東京ヤクルトスワローズ「Official Goods Shopつば九郎店」に勤め始めたのは2017年から。いつも明るい笑顔でつば九郎ファンに接してくれているありがたい存在。

お客様に
「店内にいるつば九郎は本物ですか?」
と聞かれたときの
返答に困ります。
みなさまの夢を壊さないような、
うまい回答を教えてください。

この人形のこと

こたえ

にせものです。
と、すなおに
いいましょう。

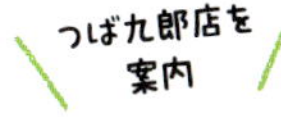

つば九郎グッズ
がいっぱい

つばみ

つば九郎の妹。1999年に突然、現れてつば九郎を驚かせた。つば九郎によくいたずらされるため、兄姉の仲はあまり良くないらしい。チアリーダーと一緒に踊れる上級ダンサー。アイドルらしいしぐさが「つばみすと」のハートをがっちりつかんでいる。

兄として義理の弟にするならどんな人(鳥)がいいですか?

どんな答えかなあ

こたえ
じっかが
おかねもちで
あんていのある
しごとをしていれば
どこまでもマイペースのつば九郎。つばみのダンナさんに何か間違った期待をしているらしい下心がうっすらと。
それ!?
なかよく!?
がんばります
Swallows
Swallows

フォトコレクション❷

らぶ
ちゅうにゅう
すわくろう
あいしてる!
はぁ〜つかれた
にほんいち
かさがにあう
※酔っぱらいでは
ありません
Swallows

さけはのんでも
のまれるな

やくるとは
げんきのもと

お腹のシワに
注目!

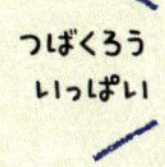

つばくろう
いっぱい

あにらしく
きりっと

その4

お金についての相談

おこづかいが少ないのでほしいものが買えません。

もっと 飲みに行きたい！

（39歳・お父さん業も大変）

こたえ

つば九郎は全部ぱとろ〜る（お酒）に消えていく。その使い道はP90〜91で公開！

しごとは
きゅうりょう
だけじゃないぞ！

試合を
盛り上げる

残業もしているのに給料が月20万円……。

安くてやる気が出ません。

（23歳・転職も考えたい男）

かぶでもやってみるか…

こたえ
つば九郎の年俸はフル出場で2万5000円（2019年度）だぞ！
つばくろうにきくな‼
……。
Swallows

「家のことを手伝ったら、おこづかいあげる」と
言われて手伝っているのに、
お母さんは「無駄づかいするから貯金しておくね」と言って、
お金をくれたことがありません。

お母さんからおこづかいをもらうには、どうしたらいいですか？

（11歳・お母さんずるい！男子小学生）

こたえ
よわみをにぎる
かいだし〜
中身は
お酒

彼女とのデート費用は、すべて僕が払っています。

彼女にも払ってもらうには

どうすればいいですか？

（25歳・割り勘が言えない男）

彼氏とのデート費用は、すべて割り勘です。
彼氏におごってもらうには
どうすればいいですか？

（24歳・割り勘ばかり女）

競馬初心者です。

勝つにはどうしたらいいですか？

（55歳・大穴狙い男）

7回裏開始前の応援タイムに、貴賓室で**競馬新聞を読んでいるところを中継カメラに撮られ**、慌てて傘に持ち替えたつば九郎。その自由奔放ぶりにネットがざわついた。

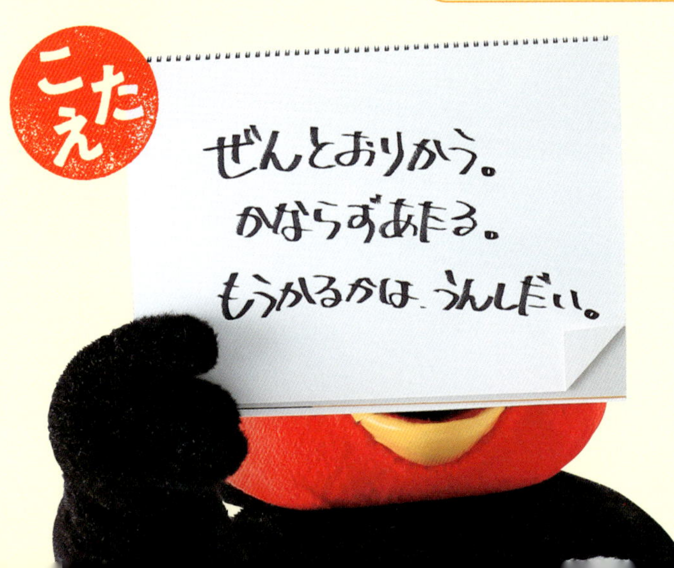

貯金がたくさんあるのですが、

使い道がなくて持て余しています。

何に使うべきでしょうか？（35歳・リッチマン）

友だちに3000円貸しましたが、まだ返ってきません。

（19歳・月末で苦しい男子大学生）

そうだん お年玉をたくさんもらう方法を教えて！（10歳・お正月が待ち遠しい女子小学生）

初公開！

つば九郎のお財布と八つ道具

破格の年棒で頑張るつば九郎。お金はどう使ってる？
どんな仕事道具があるの？ ファンが気になることを徹底調査！

お金の使い道は？

2019年度の年棒2万5000円。
ギャンブルでプラスアルファの収入があるらしい。

支出内訳

ぱとろ〜る出没スポットは、
ぶーあざ（麻布）かいわい

貯金

0円

座右の銘を地でいく。
じつは募金をしたりもする。

お酒の種類

チームいち、お酒に強い、鳥並みに強い。
いくらでも飲めるらしい。

お金に関する座右の銘は?

よいごしのかねは
もたない。

かねはてんかの
まわりもの。

かねはつかわなきゃ
ふえない。

めざせ!!
ちーむさいこう
ねんぽう!!!

大切な仕事道具はコレだ！

❶ すけっちぶっく

文具メーカーの「マルマン」さんから贈られたつば九郎専用のもの。サインペンには「ゼブラ」のハイマッキーを愛用。

❷ ばずーか

応援席に向けて、プレゼントグッズを飛ばすのに欠かせない。ときには武器と化すことも。

❸ しっぽばんど

ファンが作ってくれる特製。季節や試合に合わせてつけ替えている。

❹ へるめっと

つば九郎をペンギン、もといタダのツバメと見分ける大事な球団グッズ。「空中くるりんぱ」(P96)でも使用。

⑤かさ

『東京音頭』に欠かせない応援アイテム。神宮球場の強風でときどき裏返る。

⑥おたまいく

ヒーローインタビューで使う。選手の顔にグリグリ当てたりもする。

⑦ばっぐ

仕事道具を詰め込むための大きなバッグ。サイズ違いも持っている。

⑧すわくろう

ホームランを打った選手に手渡しする。持つことが多いしっぽは、今にも取れそう。

その5

趣味についての相談

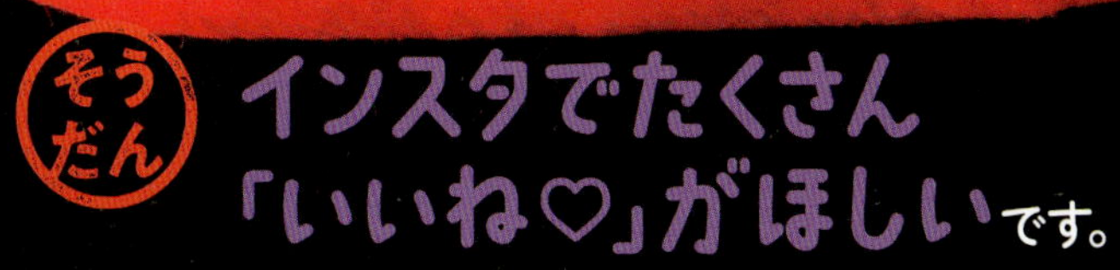

インスタでたくさん「いいね♡」がほしいです。

何を投稿すればいいですか？（18歳・フォロワーを増やしたい女子）

つばくろう。

趣味がありません。

手軽に始められるおすすめはありますか？

（20歳・暇を持て余し男）

くうちゅうくるりんぱ

すすめるつば九郎の成功率はいまだ0%。「いつ、かぽっ!って、はいるのか、そのひがきになるね・・・。」と前向きに挑戦を続けている。

ざんねん!

まだ神宮球場に行ったことがありません。

楽しいですか？（16歳・Youtube大好き男子高校生）

こたえ
すわほ〜
みんな
いっしょに
まず きて!
そして たいかんして!!
Swallows

写真が上手になりたいです。
コツを教えてください。（21歳・カメラ好き男）

つば九郎はカメラを持ち歩き、グラウンドでもよく自撮りをしている。頭が大きいため失敗することも多いが、最近は上手に撮れるようになってきた。**「つばやまきしん」を目指している**とか。

つばくろう九郎がおすすめの

海外旅行先はどこですか？

そこに行きます。

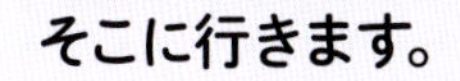

（24歳・有給休暇に悩むＯＬ）

2015年のセ・リーグ優勝のとき、みんなと一緒にハワイ旅行に行きたかったが、**パスポートがなくて参加できず。**コンビニでパスポートを作ろうとしたことがある。

ダイエットが続きません。どうしたらいい？

（45歳・水を飲んでも太るお年頃主婦）

ZOZOのえらいひとと
つきにいくがよい

月に行ったら本当にやせるのかどうかは不明。その前に**ロケットに乗るには体重制限がある**のでは？

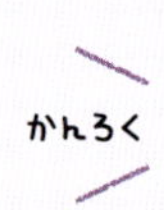

アイドルになりたいです。

かわいくなるには、どうしたらいいですか？

（8歳・モテたい女子小学生）

ちかあいどるに
なりなさい。

ぶらじるのひと
きこえますか～！

プロ野球選手になりたいです。

どうしたらなれますか？

（9歳・夢は青木選手の男子小学生）

こたえ

山田選手の大ファンです。

結婚したいくらい好きです。
つば九郎、紹介してくれませんか？

（23歳・山田選手ラブガール）

つば九郎は「喪オス」。山田選手に女性を紹介する前に、**自分の相手を探すほうが優先事項だ。**

全部知りたい！

つば九郎HISTORY

デビュー後の契約更改や初著書の出版、
主催試合の連続出場と、話題を振りまいてきたつば九郎。
その全ヒストリーを振り返ってみよう。

なんでも
こたえるよ

ふむふむ

そこのきみ
どうぞ

……

契約更改に際し、記者
会見を開くつば九郎
※本鳥による再現イ
メージ

1994年4月9日

公式戦にデビュー

球団マスコットとして初登場したのは、阪神タイガース戦。以来、神宮球場で開催される試合の連続出場を続けている。思い出を振り返って、うれしかったのはなんといっても東京ヤクルトスワローズの優勝に立ち会えたこと。なかでも、1995年、1997年、2001年の日本一の瞬間に立ち会えたことは忘れられない。

2008年7月10日

主催試合1000試合連続出場を達成

横浜ベイスターズ戦にて、単体マスコットとして史上初となる記録を達成した。宮本選手（当時）と青木選手から、花束を贈呈された。

まだまだつうかてんです。
2000しあいをめざします

2009年2月27日

作家としてデビュー

初めての著書『つば九郎のおなか　しょくよくにまけました』（PHP研究所）発売。ドアラとの同時出版であり、全面対決の著書刊行だった。つば九郎によれば、

ぱくり、じゃないよ。
おま〜じゅ、だよ。

とのこと。

2009年12月25日

初の契約更改

年俸は2896（つば九郎）円に加え、ヤクルトの飲み放題が付いた。バック宙成功で2896万円ボーナス、主催試合2000試合連続出場達成で大幅アップ、子どもを泣かせたらダウン、ペンギンと間違えられたらダウン、妹のつばみをいじめたらダウンなどの条件も加えられた。

2010年12月17日

契約更改

年俸8960円に大幅アップ。ヤクルト飲み放題のプラスアルファもそのまま。年俸が上がった理由は、グッズの売上げがよかったことから。ただし、2009年のダウン条件を満たしてしまったことから、つば九郎の希望額には届かなかった。この年は、テレビ番組への出演に応じて、臨時収入が入る出来高払いの条件もプラスされた。

2011年12月21日

契約更改

年俸1万円のアップにヤクルトだけでなく、タフマンの飲み放題も加わった。遠征時には、ピッチャー２杯のビールが飲めるボーナスも。この頃から大江戸線都庁前駅のイベントで「一日駅鳥」を務めるなど、球場以外での仕事も増加。ファンサービスの一環として、つばみと一緒に都内各地をめぐる「つばさんぽ」も精力的にこなしたことから、球団から「東京のファンを増やしてくれた」と高評価された。

大台突破に大喜びするつば九郎。ヤクルト製品アピールも忘れない
※本鳥による再現イメージ

2012年2月27日

「笑っていいとも」に出演

フジテレビ系局の人気番組「笑っていいとも！」に出演。試合のプロモーションとしての出演だったが、念願のタモリさんとの共演につば九郎もハイテンションだった。

2012年5月16日

CDデビュー

初めてのCD『つば九郎音頭 ～おとなのじじょう』をリリース。印税生活をもくろんでの作詞とプロデュースだったが、つば九郎は歌えないという“おとなのじじょう”が発覚。ドラフト1位で入団した4選手「ドラ1四兄弟」を巻き込んでの制作に。売上目標は「2896（つば九郎）枚」だった。

2012年8月15日、11月21日

パーソナルDVDを発売

つば九郎の一日や神宮球場を飛び出して活躍する様子を映像化した『つば九郎 でぃ～ぶいでぃ～ 2012 上半期』『つば九郎 でぃ～ぶいでぃ～ 2012 下半期』（ポニーキャニオ

ン）を立て続けに発売。「いやされた」「楽しい」「さすがつば九郎。商才がある」などのコメントが寄せられた。

2012年12月26日

契約更改

年俸1万円（現状維持）にヤクルト400とタフマン飲み放題、遠征時ビールピッチャー3杯付き。球団マスコット界史上、初のＦＡ権の行使を宣言。22団体からのオファーがあったものの、現状維持の年俸1万円で残留契約した。決め手は**「みやもとさんを、てぶらでかえすわけにはいかないでしょ!!」**。対して宮本選手（当時）は「出て行きたければ出て行けと。だらだらやるなら出ていって構わないですよ。自分で権利を行使したので。残ってくれなんて言わないです。残ったときは覚悟しておけよと。ビビっているみたいですけど」と応酬した。

FA宣言により自らの去就に悩むこととなった
※本鳥による再現イメージ

2013年12月

契約更改持ち越し

「おとなのじじょう」で年明けまで持ち越しに。

2014年2月17日

契約更改

年俸1万2000円にヤクルト400とタフマンと蕃爽麗茶の飲み放題付き。1月の契約交渉では決裂し、自費でキャンプに参加。「デビュー20周年のご祝儀」として、年俸20％アップで決着した。

2014年12月17日

鳥的補償のオファーで移籍騒動

千葉ロッテマリーンズからFAでスワローズへ移籍した成瀬善久（なるせよしひさ）選手の代わりに、人的補償ならぬ“鳥的補償”として、つば九郎への移籍オファーがあった。最終的に、つば九郎はスワローズ残留を決意。以下は発表時のコメント。

まり〜んずのみなさん。
だんのむらしともかんがえましたが、
つばくろうはちばくろうになりません！
しょうがいつばくろうです。
とりだけにちきんとおことわりします。

2015年1月29日

契約更改

年俸9000円にヤクルトとタフマンドライ飲み放題付き。初の年俸ダウン。減額の理由は、グッズショップに年2回しか足を運ばなかったこと、「つばさんぽ」の回数が減っていること、チームが2年連続最下位に沈んだことなど。契約後、つば九郎は年末の有馬記念で大穴を狙ったが撃沈。

もろもろダウンに落ち込みを隠せない様子
※本鳥による再現イメージ

2015年6月27日

主催試合1500試合連続出場を達成

読売ジャイアンツ戦で達成。本鳥たっての希望で、畠山和洋（かずひろ）選手から花束の贈呈が行われた。翌日には「サンデーモーニング」出演の張本勲（はりもといさお）氏からも「あっぱれ！ あげたいのよ」と祝福のコメントが寄せられ、うれしいサプライズになった。

1500試合の一番の思い出はコレ。

まなかかんとくが、
はっぴーばーすでー♫
うたってくれたこと。

2016年1月20日

契約更改

年俸2万2000円にヤクルト飲み放題とハワイ土産のチョコ付き。14年ぶりの優勝を果たし、球団側が「優勝旅行でそれどころではない」としてつば九郎の契約更改は年を越すことに。1月8日の初交渉で提示された2万円に不満を示し、優勝旅行に連れて行ってもらえなかったことを恨み節に語るなど、ごねる場面も。再交渉の結果、山田選手の1万分の1にあたる金額でのサインになった。

2016年12月27日

契約更改

年俸2万2000円。飲み放題は不明。仕事納め日の12月27日に契約交渉する予定だったが、つば九郎が3時間の大遅刻。業務終了のため、交渉できず。張り紙で一方的に契約の現状維持を告げられた。

毎日、お疲れ様です。
ヤクルト球団は、本年の業務は終了しました。
遅刻は良くないよ。
来年は酉年なので、
つば九郎の年にしてください。
社会鳥として自覚を持って
パトロールに取り組んで下さい。
って事で現状維持です。
インフルエンザにも気をつけてね。

2017年5月9日

マンガの主人公に

『天に向かってつば九郎』(まがりひろあき著・講談社)の主人公として漫画化される。

2017年12月27日

契約更改

年俸2万2000円で飲み放題なし。「ぐっずうりあげだい1い」「でぃなーしょー3ぷんでかんばい」「そのほかもろもろこうけんどNO.1」「ねんぽうあっぷおねがいします。」と必死のアピールをするも、球団が最下位に沈んだこともあり、現状維持に。怒りの収まらないつば九郎は、「おかねあるくせに けち」「らいきはだいりにんたてます」と椅子を蹴飛ばしたとかしないとか。

2018年12月26日

契約更改

球団2位浮上への貢献が評価され、3000円増の年俸2万5000円プラス出来高払い、ヤクルト400とタフマン飲み放題で契約。しかし、報道陣の少なさに怒り心頭。「ぷらいどがじゃまをした」と交渉公開を拒否。ヒット曲になぞらえたのか、「かべぎわにねがえりうってます」と寝姿で取材を受けた。

著者 ● つば九郎（つばくろう）

東京ヤクルトスワローズのマスコットキャラクター。1994年に公式戦デビュー後、主催試合には欠かさず出場し、連続出場記録を伸ばしている。2018年シーズン終了時点で1755試合達成。2009年に著書を刊行し、その後、CD＆DVDリリース、マンガデビューを果たすなど、活躍の場を広げている。マスコミにも注目されることが多くなり、その愛くるしい見た目と、裏腹なキャラクターにファン急増中。

つば九郎ひと言日記
https://ameblo.jp/2896-blog/

STAFF

撮影 ● 加藤夏子（P52～55、P69の下2点、P72の左下、P107、P110の下2点、P111除く）
デザイン ● 武田紗和（フレーズ）
構成 ● 角田奈穂子（フィルモアイースト）
企画・編集 ● 佐藤麻美
制作協力 ● 青山健二（株式会社ヤクルト球団　広報部）、川路麗（株式会社ヤクルト球団 営業部営業企画グループ）、東京ヤクルトスワローズOfficial Goods Shopつば九郎店
写真協力 ● サンケイスポーツ、つば九郎、株式会社ヤクルト球団

＊本書の内容に関するお問い合わせは、お手紙かメール（jitsuyou@kawade.co.jp）にて承ります。恐縮ですが、お電話でのお問い合わせはご遠慮くださいますようお願いいたします。

ときどきまじめ、ほとんどてきとう
つば九郎の
ぽじてぃぶじんせいそうだん。

2019年3月30日　初版発行
2025年5月10日　5刷発行

著者　つば九郎
発行者　小野寺優
発行所　株式会社河出書房新社
〒162-8544
東京都新宿区東五軒町2-13
電話　03-3404-1201（営業）
03-3404-8611（編集）
https://www.kawade.co.jp/
印刷・製本　TOPPANクロレ株式会社

Printed in Japan
ISBN978-4-309-02782-1